모퉁이 돌면

정재영 시집

문학의전당

自序

기대와 함께 걸어 온
아름답고 고마운 길

모퉁이를 돌더라도
여전히 그럴 거라는 소망

존재의 섭리 중
금년 97세이신 아버지께
존경과 감사를 드린다.

2011년 정초
소석 정재영

차례

1부

2부

3부

1부

가난한 가슴

비 맞은 가을산은
한 개비 남은 성냥통의 허기

미안하다
미안하다
아무리 다독거려도
손 털고 가버린 계절들은
일회용 포장지의 화려함이었던가

맨 주먹 시릴 해진 주머니에 담은 말은
술 없이도 취하는
진한 연탄 냄새로 엉킨
가랑잎 앞에서는
마지막 성냥불을 그을 수도 없다

보일 듯 보일 듯 어른거리는
나무 가슴은
한 개비 남은 가난으로
마음만
건너가지 못한 건너편 언덕 단풍 흔들림에
저절로 간지럼을 탄다

감나무

푸른 숲 속에는 텅 빈 공간에 새들 둥지가 있다.

날아간 새들이 점점으로 눈물을 박제하여 하늘에 표구하여 놓았다.

날아간 것들이나 버리는 것은 가을에는 모두 빛난다.

숨김이 드러나는 절기에는 헐벗어야 익는다. 그래야 사랑도 드러나는 것을…

푸름 앞에서 단풍은 낮은 소리에 더욱 붉듯, 속으로 익어가는 것을 눈치 채지 못하게 덮어두었을 뿐이다.

마지막 이파리 버린 후, '아' 라는 외마디 절규를 위한 채찍질이다.

더욱 추워지기 전에 사랑하자

텅 빈 가을 들녘, 몸부림치는 노을을 위해 서로를 붙드는 감나무, 모두

버려야 드러내는 점, 점, 점의 이야기

김포 강

강도 늙으면
늙은 어머니의 가슴을 닮아
마른 갈대밭 둑까지 나지막하다

아직 떠나지 못한 철새 몇 마리가
발길로 툭툭 장난질치는 간지럼에도
자지러지는 강은 소리마저 가늘다

끌고 온 모든 손들을 이제는 놓아야 할 곳에서
다시 잡아야 할 일들로 고요도 불안하다

섬들과 육지가 막아놓은 사이
신입생의 설레임과 불안이 모인
입학식 운동장을 닮은 바다가 보인다

모든 길의 끝은
낯선 동네로 이사하는 것에 지나지 않는 것일까
여전히 끊지 못한 인연의 긴 끈들
갈아탈 나루 하나 없다

낙엽

자기 나무에게 거름이 된다 한들
공중에서 흔들리며 몸부림치는
낙엽의 슬픔을 본 사람은
어떤 이별도 아름답다 하지 않는다

눈발처럼 바람에 실려 가신 날, 지금처럼
잊혀지지 않는 한 장의 낡은 사진이
속으로는 낡아지지 않는 걸 안 사람은
어떤 헤어짐도 헤어지는 일이 아니란 걸 안다

아무리 나이 들었어도
영정 하나 두고 떠난 긴 이별 앞에
호상이라는 말을 해서는 아니 되듯

떨어지는 순간에 흘리는 낙엽의 눈물을 본 사람은
사랑은 처음부터 아픔이란 걸 안다
이별도 그리움을 남기는 아름다움이라고
결코 말하지 않는다

까마귀와 달

외짝 노란 달에서 흐르는
빛 알갱이를 찍던 까마귀

칠흑 구름 천으로 가린
밤의 발톱으로
어둠의 고기살점을 찢어
나뭇가지 둥지에 담는다

는개가락이
아래로 흐르는 계곡
긴 부리 새는
자기의 심장을 파먹는다

달무리보다 더 큰 두려움이
밤도둑처럼 두리번거리고
저승길 가던 가을바람의 커다란 눈은
시선이 정지되었다

날지 못하는
검은 새 한 마리
가슴 달그림자에 갇히다

난청

목소리를 낮추어야지

내 소리는 낮아도 잘 들리는데
남의 말은 귀에 손을 대야 한다

귀에 대고 속삭이던
임의 소리
가슴에 묻었던 소리를
되새김질하라는
이제는
마음 귀 여는 나이

지나가는 바람이 울리던 고막 대신
흐르는 피가 가슴판을 떠는
속에서 나는 소리 들으려
어두워져야 밝히는 섣달 불빛 축복
사라짐을 안으로 채우는 겨울나기

눈 감으면

언제나 흔들리고 있다
아니, 흔들고 있다 나를

작은 바람 손에 닿기만 해도
다문 입술 모습만 봐도

뿌리에 감기는
극세사極細絲 섬유 손길 감촉

웃음과 울음으로 멈춘 표정

늘 흔들리고 있다
흔들림으로 흔들어
가라앉히는 키질

달

서행 길 달은
앞에 서지 않는다.

언제나
멀리서

그림자 따라가는 사람
새벽까지 뒤돌아보며
바라 볼 뿐
말이 없다

걸음 대신
구름 몇 조각 흘러
늘 그곳에 있는 줄 알았는데

샛별 남기고
멀리 간
마음 안에 숨은 달빛
동천東天 빈 하늘이
침묵하고 있다

마음의 지도란
빈 칸의 흔적을
지우개로 발굴하는 것이다.

달 이야기

해에 묶여 제 몸을 굴러 하루라는 날짜를 쓰고
삼백예순날 글자 묶어 한 해라 부르는 해 이야기도
달의 이야기인 양
달력이라 부르는 이야기처럼

보름 하루를 위해 사는
없는 듯 하늘에 걸린 달이
그믐도 단지 어두움이라고 다독거리며
더부살이로 보내는 날

얼굴 돌려 낮 하루 동안 늘 그리워해야 할
지구 어느 곳에 있을 너
밤에는 달도 바라보는 일 있겠지 기다리는 마음

넌 여전히 자기의 길을 걷고
나는 멀리 네 주위를 돌다보면
그림자로 다시 만나는 월식이라 불리는 어느 운 좋은 날
그림자 하나 껴안는 우연쯤을
어느 골목거리 곁눈질 하나 못한 스침도
언젠가 또 있을 인연으로 감격하며 행복했던 날부터

너는 해를 돌고
나는 너를 도는 위성

우주 어딘가 나란히 손잡고 걷는 별도 있을까

한쪽 웃는 얼굴 뒤에
평생 지워지지 않은 어둔 그림자를 품고
서로 바라보기만 하는
멈춤 없는 순례의 긴 그림자

달그림자

먼 옛날, 한 임금이 사랑한 여인
아기도 낳아 오랜 세월을 살았고
태생에게 나라까지 물려줄 사랑으로도
기록은 한 번도 그의 부인이라 하지 않는다
언제나 〈우리아〉의 아내

검은 눈동자에 채워진 모습
감으면 달아나지 않을 거란 생각
종종 지그시 눈 감아 확인하면
아직도 가득한 모습의 안도

지금은 어느 지어미로 있어
보름달이 한 달에 한 번 떠오르듯
간혹은 지아비 되지 못한 달그림자로
언제나 〈우리아〉의 아내 허공에 맴도는
한평생의 배회
밤새는 긴 그림자는
메말라간다

대화

눈 속에 지나가는
순간으로 잡힌
가다가 멈춘 달무리 끝

그림자가 아니다.
어느 지우개로도 지울 수 없는
지워지지 않는 흔적이
깊은 블랙홀 안에 걸려
순간의 빛을 가득 채운다

두 손 모으고
지난 날 먼지로 덮인 벽에서
한 사내의 피 묻은 음성을 본다

가을인가
하늘 향하던 수수 모가지
검은 하늘에 짓눌려
하늘을 온통 붙들고
알맹이마다 그 소리를 키운다.

딸꾹질

백 년도 모자라 한오백 년을 노래하던
몇 톨 남은 치아 사이로 꺼지는 깊은 한숨이
겨울 파도 들락거리는 가슴 길목에서 몸서리친다

긴 겨울을 기침으로 보낸 일정기日政期나
여름 한철 지붕 위에 엎드려 달 아래 흰 박으로 밤샘하던 인공人共 때가 아닌
여섯 자식에 담아둔
속으로 백탄을 만든 사리가 녹아나는 걸
이제 벗어버려야 하나 보다
가슴 무게의 중심이 마지막 숨을 거두는 연습을 한다.

아버지.

먼 길

어제, 화사했던 꽃길
오늘은 지고 있다

저만치 혼자 달려가는
끝없이 이어지는 길로
노마드 마음으로 떠나는
어느 길에서

한 번만이라도
단 한 번만이라도
꽃잎 얼굴로
노래할 수 있을까

미련 없이 지고
버림으로 드러내야
새로워지는 길

비운 마음은 언제나 습작품
미완으로 이어지는
새 길

무죄

무얼 먹을까 걱정 말라 하셨지만
끼니마다 어떤 것을 먹을까 늘 고민한 것은 인정합니다
자장을 먹을까 짬뽕을 먹을까 망설인 것은 누구나 하는 일 아닙니다.

무얼 입을까 염려하지 말라 하셨지만
집을 나설 때마다 어떤 옷을 입을까 아내에게 그 일을 맡겨 힘들게 했던 것 시인합니다
넥타이를 하나만 가지고 있는 사람 있나요 초상집 갈 땐 별 수 없이 검정색으로 정했지만요

이 일만은 억울합니다
꽃잎에 놀던 바람이 절로 향기에 취해 가듯 치명적인 약 먹은 것을 내 책임이라고 말하지 마세요
한 잔 술로 얼마나 많은 흠향을 하시는지 모르는 일이나 소주잔에 담긴 냄새처럼 눈동자 속을 깊이 뚫어지게 본 것도 아닙니다 코끝에 스치는 향기처럼 순간의 일이었습니다
한 번의 눈길로 스스로 거의 죽게 된 처지가 제 탓이라는 논고를 저는 거부합니다
일회 복용량이 그토록 적은 양인 줄 몰랐습니다 어디에도 복

용량 적어놓지 않았거든요 깜박이는 순간의 눈길도 치사량에 가까운 극약이란 것 누가 알려 주신 일 있었나요

저는 잘못한 일 없습니다
그분을 만난 후 선택할 수 없는 사슬에 묶인 이성과 함께 노예가 된 일이 제 탓이 아닙니다

나는 무죄입니다

미소

뇌수를 다 퍼먹은 텅 빈 아이스크림통 두개골
마지막 남은 얼굴 턱뼈에
임플란트 연수를 위해
몇 개 치아마저 제거해버린다.

서로 미안하거나 불편하지도 않은
최후에 지은 표정근처럼
바쁜 손동작은
죽음을 슬퍼할 겨를도 없다.

잘린 목 단면, 노출된 여름 하수구 앞에서
날 선 메스로 숨죽인 결의
살아서는 목구멍과 숨구멍이 하나란 것을
아무도 질문하지 않는다

생전에 괴롭혔을 축농증이 숨어 있던 곳에
매장의 흙 대신 인공뼈를 채우며
마지막 무덤을 만든다

드디어 임플란트 하나를 묘비 세우듯 심어 놓고

딱딱한 두개골의 죽음과
다시 인공치아로 태어나는 삶의 경계선에서
산 자와 죽은 자는
부드러운 미소로 작별인사를 한다

변명

산이 어디 하나뿐이랴
이르른 곳 봉우리
그 밑에 산 죄밖에

봄, 사랑 2

마음은
황사 날려 건조한 날
먼 곳 목소리
빗방울로 들려온다

봄비에 녹지 않은
두고 떠난 마지막 말
앉았던 강둑 갯버들 옆에서
여전히 벌거숭이로 떨고 있다

꽃망울 맺히는 봄에도
겨울보다 더 차가운
얼음강이
가슴 안에서 흐른다

그 강은
여전히 계절의 매듭이 없다

빈칸

마음속 깊은 곳에 괄호를 만들고
빈칸을 채울 답을 물어 본다
아무도 아무것도 신데렐라 구두처럼 맞는 답이 여태 없다
선택형으로만 살아와 언어가 부족하다

언제부턴가 물어보지 말아야 할 것을 물어본 후
그곳에 달린 죽은 사내의 첨탑을 올려본 후
내가 누구냐고
그대는 행복하냐고
조용히 질문해 본다

누구의 빈칸을 메꾸기 위해
비바람 치는 어둠의 하늘에서
내려올 수 없는 고민을 아직도 하시는가
물어본다

번개 치는 날
어둠의 구름 스쳐가는 날처럼
절규하며
그대가 사랑한 사람의

빈칸을 만들지 못한 자리에서
기다리는 사람 있느냐고
물어본다

악어와 미녀

눈꺼풀 두리번거리던 악어가 두 눈을 크게 뜨고
깊은 호수에 끌려온 남방여인을
부서지지 않을 정도로 허리를 자근자근 씹고 있다.

사냥감을 마취하기 위한 침으로 가득한 입안
악어의 턱뼈 운동을
그녀는 전혀 눈치 채지 못한다.

아래턱이 위아래 움직일 때면
악어는 睡眠수면으로 잠들어 가고

두터운 입술만 파르라니 떨고 있는
쌍꺼풀 깊은 여인은
반쯤 눈이 감겨
악어의 가죽으로 허리띠를 두르는 꿈을 꾸며
손에 들 가방을 만들고 있는 중이다

봄비 3

초원에 서서
빗줄기 주렴에 갇히리

하늘 닫히고
산은 멀리 있는 곳

자운영 향기
빗줄기에 갇히는
하얀 꽃 풀밭에 누워
비를 맞자

이슬처럼 맺히는
그대 쌍꺼풀 눈동자 깊은 호수에 빠져
숨을 거두자

마지막 미소로
깊이 잠들리

운하 만들기

안개 자욱한 산정 돌아
깊은 산세로 막힌 물길 뚫고
강과 내를 묶어 운하 만들듯

내 마음 닫힌 곳
높아진 마음 깎아내리고
좁은 냇가 폭 넓혀
두 물길 서서히 흐르게 하면

그 물도 서로 높이 맞추려
낮은 곳 찾아 흐르고 흘러
혼자 가는 길 홀로 있어
마침내 심심해질 즈음

멀리 이름 모를 꽃 하나 산 속에서 숨어보는
하늘 비치는 산자락 끝
한나절 산새 울음에도
가던 길 멈춘 물속에 잠깐 잠든 구름에게
지나온 마을 이름 하나씩 불러주는 곳

잡지 못할 사람 잰걸음 발자국
생각나면 이름 모를 바다에서
또다시 만나는 일
사는 것이 모두가 그런 이치인 걸
미리 짐작했다 하지만

무심코 두고 온 사람이
흐르는 배에 타고와 다시 만날
작은 운하 만들기

8월과 9월 사이

늦여름 넓은 나무 잎사귀
자기 무게로 힘들어 숨죽이고 있다.

비슬대던 겨울부터 가득 담은 햇빛
혀 속 깊이 담은 뜨거움의 양에 겨워
늘어진 뼈대 속에서는
다음 계절 그림을 위해
색색으로 물감을 만드는
고요가 물드는 아뜨리에 진종일

코스모스 아직 고개를 들지 못하는
8월의 꼬리가 날아가 버린
이른 날들이
속으로 태우던 다짐들을
셈하고 있다

잎사귀마다 속으로
마음의 그림자를
물감을 들여 현상하고 있다.

2부

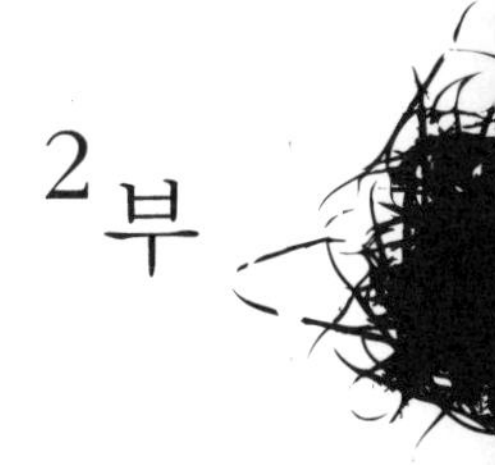

강에게

몸부림치던 산 계곡 울음
이제는 구름까지 실은 마음

길은 멀어도
반드시 가야 할 길을 안다

뼈만 남은 달을 품어 잠재우는
그믐 여울
어서 가라 재촉도 마라

떠나 올 때 두고 온 산 속 깊은 샘
물길 끝이 또 시작이란 걸
바다 손 잡아서 안다

겨울아

나른한 햇볕에 봄 흔적이 망울로 점찍은 가지
고요한 긴 고궁 담벽에서 졸음은 더 굳어지고
숨소리 가쁜 찬바람이
겨울을 지탱하고 있는 버팀목을 뽑고 있다

계절이 삭아지면
한철을 담았던 마음도 늙어가는가

변치 않겠다는 마음을
비웃고 있는 절기
너에게 고하려 한다

지난겨울은 따뜻했고
봄은 오히려 차갑다

흙집보다 따스한
우리의 작은 무덤을 만들자
겨울아 슬픔을 묻자
나의 겨울아!

기다리는 마음 2

텅 빈 하늘 어두워지면
북두별 하나 큰 빛을 위해
안개꽃 무수한 별들 있듯
속삭이며 기다리는 그 한 날로
삼백예순날이 있습니다

침묵으로 기다리는 마른 무덤 위에
늦가을 찬바람이
다독거리는 속마음을
천 년을 위해 피고 지는 이름 없는 꽃송이처럼
지웠다 다시 떠오르는 얼굴 하나

앞에서 걸어 올
그날 하루를 위해
덧없다 하지 말자 버린 날들이 만든
그날 하루를 위해

어두움이 쌓여 새벽이 오리라 믿는
어리석음으로
뜬 눈으로 지새우는 긴긴 밤이
부서지는 소리를 듣습니다.

다시 깨어나는 날

춘분 지난 어느 봄
보름이 고개를 숙이는 날
서쪽 하늘 가던 길 멈춘 하얀 달빛에 시려
조팝꽃 이파리도 잠 못 이루는 하얀 새벽

어느 산 속 깊은 곳에 뿌려 백토 되었다가
긴 잠에서 깨어나는 날

잠들어서도 멈추지 못한 기도 하나 또 하리라
잠들 때 모습 그대로 일어나게 해달라고

한 사람 생각하다
검게 태워 멈춘 심장 속에 담아 둔
푸르던 날 바라보던 구름 한 점은
다시 찾아 또 걸어야 할
종점 없는 길에 둔 마지막 메마른 얼굴
깊은 주름살 그 모습으로 다시 일어나
그날도 오늘처럼, 작은 꽃잎 마음
흔들리는 기력 조금이라도 남아 있으면

다시 떠난 어느 길섶에 잠시 멈춘 사이
무심코 지나는 그 사람
혹시라도 날 몰라볼까
지금 모습 이대로 일어나기를
조팝꽃 하얀 손길로 기도하리라

모퉁이 돌면

천천히 다가오는 겨울이
가을을 빗질하는 소리
낙엽 밟는 소리를 듣습니까

바람 소리 휘돌아 간
잘린 모퉁이 길을 돌면
남은 이파리 한꺼번에 다 떨어져
수척해진 가지 끝마다 걸린 소리

낮아진 하늘에
파스텔 톤으로 초상화를 그리는 사람은
누구십니까

바람이 이파리 앞세워 돌아간
저 모퉁이를 돌면
그때 떠나 간 사람 멈추어
그대로 있을 기다림.

날개

그리움도 늙는가
고목이 된다

침묵하는 나뭇가지 끝에 앉은
천년학의 날갯짓에 얹혀
훨훨 날고 싶다

얼마나 큰 날개를 달면
등 굽어 굳은 몸
날 수 있을까

세상 떠나는 날은
육신도 먼지보다 작아져야
날을 수 있을까

이른 봄비 맞아 싹튼
성근 몇 잎 이파리 날개 삼아
이제는
날아가고 싶다

미래로의 여행

폐허가 된 집
마당 한가운데 앉아
과거의 캔버스에 덧칠하며
미래를 새긴다.

무너진 벽 사이를 지나가다 멈춘 바람이
화석의 벽을 만들고
비 내린 뒤 파란 하늘이
귀 기울이듯 내려와
지붕을 덮는다.

측백나무 울타리 안에서 울리던 풍금소리
금방 통통 튀는 아이들 물장구치듯
여름 개울 물살을 가른다.

잔주름 사이에 갇힌 자화상을 그리는 일은
끊을 수 없는 원의 한 곳에서
시작과 끝 점을 찾아내는 일

유월이 끌고 가는 여름을

미리 그리는 오월 아카시아 산처럼
미래란
그리운 집을 한 채씩 지어나가는 일이다

사라지는 일이란 없다.
다만 앞서 갈 뿐이다.

빛진 자

어느 열매
일부러 벌을 불러
아픈 벌침으로
수분해
맺어 본 일 있던가

어느 꽃이
나비 날개를 불러
화려한 바람결로
암수 수술, 사랑을
나누도록 만들었는가

아픔마저
간섭받고 자라는
세상 일

어느 한 가진들
우리는 알 수 없는
모든 이에게
숨은 빛진 자들

빛과 그림자

노란 물감이 초록을 만든
은행잎 산책길
앞서 걷는 그림자를 따라가는
이른 가을 오후 늦은 시간

찬란한 가을 붉은 잎새처럼
심장 빛 색깔로 물드는 날
타버린 재로 남을 검은 응축은
빛이 말하는 이야기

나를 끌고 와
누워버린 내가
나를 따라 온 나는
지난 긴 밤에서 숨겨
버릴 수 없는
긴 밤에도 품고 온 너

흙으로 돌아갈 검은 그림자
밤에는 하나였던
빛에서만 보이는 너

산 사람

산에서
산을
찾는다

산에
산을 두고
가고자.

산이라는 이름을 위해

나의 백골이
한 가마니쯤 되는 짐을 짊어지고 올라가는
나에게 괜히 미안스러워 한다

아직 남은 애
두엇을 제금 내어
제법 수월도 할 법한데

별 볼 일 없음을
별 보듯이 걸어왔던 길
아직 얼마 남지 않은
이수봉을 향해
한 걸음 한 걸음씩 오른다

어느 날 하얀 뼈 되면
마침내 누워버릴 일
적당히 살을 붙이고 산 일이
뼈에게 이렇게 미안한 일 없어
낮아가는 아랫동네의 이야기를
속에 품는다

삼청동에 내리는 가을비

가을비 내리는 밤에는
어둠의 공간은 물음표로 가득 차서 무겁다.

진한 입술이 침묵하면
큰 눈 사이에 비치는
용광로보다 더 뜨거운
잔잔한 빛

떠날 순간을 위해
시동을 멈추지 않아
가을비 손가락이 치근대는 차창 위에
이른 낙엽 한 장
내 마음이 되어 달라붙는다

지금은 누구의 숨결에 잠들고 있을 사람
영원히 빗속에서만 잡히는 가느다란 손길로
가슴창 소리 없는 빗물을 닦는다

새벽 두 손 모으는 시간

호두알 속에 싸둔 어둠처럼
화병에 가득 찬 소란스런 아침 고요가
르노아르 꽃그림 깊은 눈동자 얼굴을 깨웁니다

벽 속에 갇혀 있다 눈뜨는
나무 이파리처럼 무수한 소리들
아로마 향기로 가득해지는 소리들

침묵의 긴 손, 손끝에서 튕기는
아스라니 먼 이야기들이 저미는 창문을 통해
귀를 가진 모든 생명은
슬픔을 위로 받을 것이며
사랑하는 자는
왜 빈 거리를 쏘아 다녀야 하는지를 알 것입니다

정지된 공포를 두려워하는 마음은
부단히 두드려야 확인되는 사랑 앞에서
하루의 시작인
아침의 분주한 소리를 듣습니다

성탄절에 드리는 기도

성탄절 가까운
눈 없는 날
강가에 나와 연을 날린다

손끝 한 줄 잡고
풀었다 당겼다
하늘을 밀고 잡아당긴다.

가느다란 연줄
막바람에 끊어지는 일 있어도
한 가닥 외줄 마음을 가진 사람이
하늘 높이 날 수 있음을
연 날리는 사람은 안다

연 뒤편 하늘에 올리는 모든 마음은
바람 덕인 줄 알고
가슴속에 바람 불기를 원하는 사람은
그 하늘로
마음의 연을 날릴 줄도 안다.

11월 마지막 밤

긴 고리 끌고 와 마지막 한 달이라는 기둥에 그 끈을 묶고 긴 날밤을 샌다.
마지막 날이 마지막 달과 이어져 흐르는 시간들만큼 기억은 길어지는 밤만큼 새로워진다.

달이 조수를 밀고 당기듯 너와 나도 매일 끊어지지 않을 곳만큼 갔다 돌아오곤 했다.
달려와도 멈추어야 할 선에서 되돌아가는 심정으로 마지막 한 달을 남겼다.

토막을 내는 시간들을 묶어 간추리는 시간에
남은 서른한 날의 기대로
아직은 한 해의 가운데 서 있다.

다시 갔다가 돌아올 그날들
마지막 밤의 부유함이여.

오늘 이 느낌대로

언 강 위에 싸락눈 내리는, 하늘은 안개에 갇혀 있고
소리 없는 강 대신
강 함께 걸어온 긴 둑 따라 걷고 싶다

아직 강에 앉아 있는 새는
돌아오지 않는 철새보다 더 긴 사연을 가진
나의 사람인가

나룻배를 묶은 강은
나룻배에 묶여
이제 걸음을 멈추어 있다

눈발이 나를 잡아당긴다
강물은 멈추어도 강둑은 흐른다
둑이 나를 흐르게 한다

오늘
이 느낌대로
가고 싶다

우기雨期, 사랑 1

시작은
샘 속보다 깊고
절기는
광신보다 뜨겁다

긴 밤 내리는 비
지그시 감은 귓가에 부딪치는
나뭇가지에 앉은 아침 까치나
장마 끝 풀숲에 숨은 여름밤 여치보다 더
맑은 소리
창가를 두드리는
빗방울 손길 음성

너무 커서 들리지 않는
지구 도는 소리처럼
옆에 있어도
보이지 않는 사람

사랑하는 사람은
사계절이 우기다

우리를 키우는 것들

깊은 밤 한숨으로 쉬던 바람결에
하늘빛들이 떨어지는 순간을 보기 위해
꼬박 새우던 날 밤에
숨죽이던 순간들이 모여 키우기도 했지만…

나무는, 이 나무는
햇빛, 바람, 여름 폭우가 키우는 게 아니다

꿈은 열매를 키우고
멀리서 바라보기만 했던 날
언젠가는 다가서야 할 얼굴
가슴에 걸린 달은
기러기가 철새였던 것을 일깨워준다

시간이 아니다
불꽃이다
영원히 꺼지지 않는 순간들이 환원하는
짧은 과정에 켜둔 가로등이다

우리를 키운 건

기다림이라는
어머니의 마른 손길이다

증폭

비 온 뒤
안개가 먹물로 번지는 마음을 아시나요.

맑은 날
바닷새 주둥이에 물려
지는 해 어깨에 묶어 놓는 마음도 아시나요

맑은 날이나
궂은 날이나
가다가 되돌아오기만 하는 초단파
수신자 전원이 끊어져 있다는 말에
허공을 맴돌고 있습니다.

가는 소리
다시 되돌아오는 소리

하루 종일 나누었지만 튕겨 나오는
가슴속 진공관은
파르라니 진저리치고 있습니다.

진용秦俑 앞에서

서역 끌려가는 구천 길
마지막 모퉁이

천 년 바람에
식지 않는 열기로
굳어진 가슴

목단꽃 그대 모습을
눈동자에 심고

향기는 그리움 삼아
마른 입가에
미소로 대신 젖는다

살아서 사랑하는 일이
천형이라면
그대 향해 멈춘
토용이고 싶다

하얀 산

아무도 가보지는 않았지만
여전히 그대로 서 있다

검푸르게 어둔 두 산 사이
돌칼처럼 날 푸르게 솟아
파란 하늘에 잡혀 있는
하얀 산

그곳에 오르는 길은
바람 한 점 없고
오른 일 없어
길도 없다

찬 공기 산 위
구름 한 점 없다

산은
누구나 바라만 볼 뿐

숨겨진 하얀 미소의

웃지 않는 입가에서
천 년 기다림이 들리는 소리

카페 훔쳐보기

하늘을 보기 위해
힘들여 물구나무서기를 하지 말라
눕지도 말라

가던 길 멈추고
잠간 먼 곳 바라보면
손잡고 있을 하늘 자락
가는 구름 그곳으로 넘어가고
지는 해 노을 잡아 단장하는 서산마루

아직 아이디 등업 없는 일로
카페의 속을 훔쳐볼 수 없으나
상여 앞 만장을 이끌던 바람도 넘어간 자리에서
깜박거리는 글자로 멈추어선 마우스 자리

카페 창 안으로 보이는
속마음의 제목들만
살아 외치는 문자판

3부

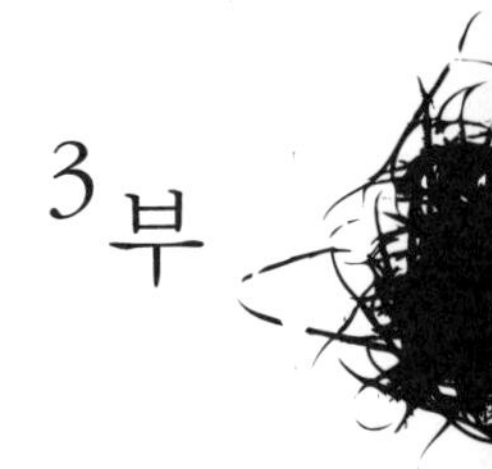

그리움 40

달빛은 안개에 가리고
물소리 밤늦어 잠든
어느 호수 바다 한가운데

돛 없는 배
삿대마저 없어
숨죽이고 있습니다

그대 있는 먼 땅끝
귀에 들리지 않는
가슴 안에 머문 소리

하얀 달빛
하얀 안개
불러도 그 속에 갇혀
흐르지 않는 물결

정박을 금지당한 항구 밖에서
홀로 꼬박 배에 앉아
하얀 밤을 새우고 있습니다

그리움 41

하얀 조각달
목련꽃에 걸려
부활을 꿈꾸고

멀리 첨탑에 걸린
빛줄기
어둠을 부수며
종소리로 퍼지는 밤

기도는
한 밤을 두고
고요하고

고뇌는
천 년을 통해
육체에 똬리를 튼다

어둠은
길을
숲 속에 가두고

생각만

홀로

하얀 밤을 헤맨다

까치밥

색색에 가려짐보다
푸른 솔 앞에 서 있는 오기

초라해서 빛난다
무너짐이 채움이다

붉은 징채에
하늘은
사자獅子 소리로 운다

바람도 절창이다
산마다 다 명창이다

버린 자들의 축제다

달구경

개구리 울음이 불러낸
검은 색으로 잠든 산언덕

그대 옆모습 닮은 달
함께 보겠거니
고개 돌리는 순간

달은 보지 않고
내 얼굴만 빤히 쳐다보는
또 다른 달

더 환히
웃고 있었습니다

달빛 가득 담아
숨쉬기 어려운
파닥거리는 가슴 소리
그제야 개구리 소리
조용한 이유를 알았습니다.

달, 그리고 얼굴 하나

—[마 5:16]

달빛이
해 빛인 줄 모르고
내 속에
희미한 빛이라도 있길 원했다

언제나 같은 길로
집으로 가며
따라가는 달처럼
그 길
어딘가 또 하나 있을까
궁리하는 빈 하늘

하늘은 넓고
까만 눈동자로
아직 보름은 멀어
몰래 숨겨둔 얼굴
내 사람이었을 너

지금도
흰자위 큰 눈

가슴 깊은 곳에서
남의 빛으로만 걸려있다

달빛 호수

검은 산 하늘로 솟아
손을 뻗어 달을 붙잡은 산등성
희미한 나무들 그림자가 길게 휘장을 친 하늘에
달이 허기진 개구리 울음소리를 낸다

달빛 취기에
팔딱거리는 자그마한 가슴에
끌고 가다 빠뜨린 그리움이
천천히 익사하는 밤

어둠으로 베일을 친
산 속 깊이 감춘 제단에
밤안개는 향촉으로 스민다

곁에 있는 사람
말을 잃은 얼굴을 애무하는
가느다란 유월 밤바람이
산 속에 숨은 고요를 깨워
산 끝에 겨우 걸린 달을 가닥으로 풀면
하늘과 땅도

밀교의 제의祭儀를 벌이는 지금

허우적대며 밤을 지새우는 것은
산과 달이 하늘호수에 빠지듯
그 호수에 빠진 달에 빠진 탓이다

당신은 달이다

매화를 그리며

우수 절기 가까운
어스름 새벽

눈길로 스며든 고운 얼굴
마음만 하얀 향기에 잠복한 시간

다스리는 임을
다스리려 하는

순종하여야 할 분을
부리려 하는 마음 접고
오히려 섬겨야 하지 다독거리던

겨울 한철 품었던
작은 키 매화의 독한 마음을

꽃잎 세는 눈빛으로 하나씩 풀어
지우고 지워서 닦아 보아도
텅 비어 닫힌 메일 창처럼
하얀 향기는

아직 먼 남쪽에 있다

멀리서 부는 향기가 더 진하다

봄밤

새순 터지는 소리
비린내 나는 밤

달빛이 구름에 숨은 사이
어둠이
목련 하얀 새끼들을 낳는 중이다

잉태시키지 못한 월삭越朔은
붉은 진달래를 피우고

놀러 온 달이 엉겁결에
목련꽃 새끼를 받는다

봄비 2

이른 봄 이슬비
피하고 싶다

봄은 사랑하다 지쳐도 멈출 수 없는 몸부림
채워도 채워지지 않는 배고픔

오죽했으면
이파리 나기 전
꽃잎부터 피울까

썩은 살을 묻으며
눈물로 태어나는 아픔을
마른 날 밤에도 숨어서 우는 새처럼
숨 죽여 내리는 비
불빛 속에
목련 빛으로 내린다

죽음과 신생의 절기
부드러운 손으로
설레는 꽃잎을 어루만진다

봄비 4
−사랑의 아픔

강 너울을
부수는 잔비

깨지는
파문

순간
평온으로 돌아서는
찰나의 고요

봄, 사랑 1

꽃의 슬픈 미소
새들 우는 소리로 안다

겨우내 침묵한 이유
작은 산수유 망울에 매달린
나지막한 소리는
겨울에는 사랑을 하지 말라
작은 햇빛에 부서지는 마른 해골이 되는
그런 사랑을 하지 말라
숨겨야 하는 호소

모든 순수함은
겨울, 그리고 밤에만 오는 것인가
아지랑이로
승천하는 뜨거웠던 숨결이 말한다

지난 계절에 숨겨둔 색색
진달래, 개나리, 벚꽃…
낡아지는 마음 쉽게 지려
이파리 없는 나체 몸부림으로
말한다

봄, 사랑 3

사랑은
황사바람, 꽃샘추위
몸살을 앓아야 온다

뻐꾸기 긴 울음
폐가 텅 빈 마당에
가득 차야 온다

오수로 졸던 눈
스치는 기척 없어
눈 깨기 전에 온다

만남이란 무릇 짧음이라고
긴 기다림 그 후에야 온다

봄, 사랑 4

산 속 오두막
창밖에는
계곡 물소리

폭설에 지워진 길
봄볕에 아는 체하더니
폭우로 다시 멀어졌네

비 걷혀도
토막토막 끊어져
그대 오지 않는 길

오는 이 없는 길
길이 아니네

선달 눈 내리는 날

눈 내리는 날 오전
핀란드 소녀의
가늘게 새어나오는 노랫소리를 들으며
슬픔은 눈이 되어
그리움을 그리워한다

눈은 조각난 유리창 사이로
저리도 느리게 내리고
나의 심장에는 하얀 눈물이
가득 차 쌓인다

네가 와서 앉아야 할 벤치
숲 속에서 부는 바람에
하얗게 부르는 소리 수북이 쌓이고
텅 빈 하늘 고요는
속삼임 되어 내린다

눈 내리는 날은
송이 슬픔이 채우는
빈자리의 풍요

섬진강

강은
눈물이다

대처에 팔려
어머니의 눈물을 끌고 가는
가도 가도 끝이 없던 길

속살 드러낸 강바닥 모래밭 강은
여름날 낡은 삼베 적삼 사이로
제 살을 드러내 보이던
전라도 산골 색시의 눈물이다

배고픈 한숨소리를 내려놀
비탈 밭 하나 없는
숨죽여 속으로 울면서 가는 강

뉘엿뉘엿 해지는 가을
하얀 새 한 마리
다시 돌아가며 흘리는 눈물이다.

쑥

쑥나물이 산수유 꽃소식보다 먼저 오나 봐요
먹거리 탓으로
길거리에 나온 쑥을 보고 겉옷을 하나 벗습니다

식구들과 아침을 쑥 향기로 끓이는 부엌
향기 맡은 초청하지 않은 봄들이
유리창을 두드리는 소리로
냄비도 덩달아 요란스레 바둥댑니다

쑥에 딸려온
산비탈 할미꽃 한 송이
올해도 우리의 목숨처럼
봄은 금방 지나가는 세월일 거라고
한 줄 엽서로 써놓은 걸 보면
이상난동 탓만은 아닌가 봅니다

바람도 절기로 부서져 풀어진 실바람
쑥처럼 부드러운 듯해도
옷 틈새로 스며드는 칼날은
겨울바람보다 실핏줄 깊이 차게 흐르고

입안에 씹히는 쑥 이파리는
인공난리 때 굶어 죽은 사람 목소리같이
올해도 제삿날처럼
소식 올 날 되었나 봅니다

쑥국 쑥국
쑥국새로 우는 소리
봄날보다 긴 쑥국 시간

어느 겨울날

별들이 출렁이던 잔에
숨죽이며 고여 있는
유효기간이 없는 아픔

겨울이 가는 길목
노래도 흘러간
쓰러진 이정표에 삭아진 이름 대신
맑고 차가운 하늘에는
북극성을 그려내는
얼굴만 서린다

바람 소리에 마른 잎새
옛 흔적이 미라가 되는 겨울

지워지지 않는 얼굴을
별들로 매다는 밤
누구나 가슴에 덧칠하는
화가가 된다

매화꽃 피는 날

매화꽃 피는 날
숨겨둔 사랑이 지고 있습니다.

긴 바람 견디어 낸 긴긴 목숨
겨우내 살린 순
하얀 빛으로 기다린 날들
먼 하늘로 밀리어 사라집니다

봄빛에 마른 풀처럼 졸던 마음
겨울도 말라가는 언덕

사랑은 지고
꽃은 슬피 피고
때 이른 너도바람꽃
작은 무덤을 만듭니다

아! 우리의 사랑은
매화꽃 피는 날
그 향기에 사라지고 있습니다

어느 얼굴

하늘 잡은 가지에 걸린 이파리들이
우수수 깨어나는 이른 아침
가지가지 사이로 지나가는 바람이
젖빛 나무등껍질을 긁어주면
잔잔한 웃음소리로 가득해지는
자작나무 숲

바람 떠나는 구름에 실려
이른 비가 뿌려주고 간
어린 초록에 가득한 봄날의 풍요를
이파리 하나하나로 짜깁기하면
마음속에서 겨울잠으로 잊었던
숲 위로 떠오르는 어느 초상화

생각나면
하늘을 향해 고개 들어
작은 소리로 말한다
어찌 숲을 이루는 일이 나무들뿐이랴

기다림과 시간들이 서로 얽히고

긴 생각들은 가지가 되어 손에 손을 잡고
움직일 수 없는 숙명이라는 땅 위에서
서로가 서로 몸 부비며 사랑해야 할
우리도 자작나무 숲이라는 것을
잔잔히 비 뿌리고 간 숲 위 하늘에서
파랗게 돋아나는 얼굴들이 말한다

용담댐

물속에 담아둔 망향은
봄철 긴 가뭄으로 속 드러낸 실개천
두고 떠난 가슴마저 말라 있다

어릴 적 긴 이야기들로
겨우 목숨을 연명하는 허기진 호수
비탈에 흐트러진 노란 개나리 가지가
산 속에 숨어 피던 진달래처럼 외롭다

마르고 넘치는 건 호수뿐
마음은 여전히 물 대신 가득한 곳

가슴에 담아둔
망각이란 이름의 향수鄕愁
잠시 덮어두었던 일이라고
남루로 남은 집터 흔적들이 말한다

2월 이야기

내일 많이 춥다죠
추웠으면 좋겠어요.

봄이 무섭다는 생각이 들어요.
폭발하는 꽃들의 반란을 닮아
견딜 수 없어 하는 날들의 아름다운 고통을
꽃샘추위가 늦게야 봄인 걸 알아채려
미친 탓하는 것도 다 그래서랍니다

천 년이 지난 이야기
영원한 얼음 속에 꽁꽁 얼려두어
북극 가장 추운 곳에서 녹지 않는 빙산에 갇히듯

산 속 조그만 집에 갇혀
생각하는 모든 그리움을
투명한 얼음 속에 묶어 두고 싶어요

밤 깊도록 익어가는 고드름처럼
겨울 달보다 더 단단한 오랜 이야기
아침햇살에 한 방울씩 떨어지며 하늘에 뿌릴 소리를 위해
내일은 더 추웠으면 해요

조각구름이 그리는 아다지오와 휘모리

먹구름에 비바람이 치더라도 하루는 스물네 시간
눈보라치고 폭염에 길이 무너져도 한 해는 열두 달
보이지 않는 곳에 해 있을까마는
제시간에 뜨고 지는 궤도에서 멈추지 않는 바람의 항로
달콤한 포도주잔 안 거품을 누가 가을의 조개구름으로 지우고 있다
부끄럽다, 산다는 일이
숨소리 모두 거짓인 것을
노을이란 후회하는 핏빛 노래

후두둑 가을비 소리 그치고
코스모스 꽃 이파리
노을로 사라지는 소리

가로등 깜짝 놀라 켜지는
가슴은 벌써 밤이다

만성병이 급성으로 도지는
어둠은
빠르게 열병을 퍼뜨린다.

느리게, 그리고 빠르게

흰 싸리꽃

꽃 이파리 세듯
긴 생각으로
한 밤을 지새우며 색칠하는 밤

깊은 밤처럼 애타던
검게 그을린 마음 옆에서
하얗게 핀 꽃이 있습니다

꽃잎 하나
눈썹 하나
그리고 입술 하나마다 담긴 음성
하얀 향기로 가득한
하얀 밤을 보냅니다

언젠가 있을지 모를
한꺼번에 지는 날
수북이 쌓일 손짓 없는 그리움이
미리 피었습니다.

자연이 우리에게 알려주는 것

전영태(중앙대 교수 · 문학평론가)

삶의 인연은 이렇게 저렇게 얼크러지는 등나무 줄기와 같다. 정재영 시인과 나도 그렇게 얽혀 사제지간의 연분을 맺고 있다. 치의학 분야에서 박사 학위를 가진 정 시인은 신학교와 신학대학원을 마쳤다. 중앙대 예술대학원에서 나의 강의실에 출석했다는 사실 때문에, 나를 '은사' 라고 깍듯하게 호칭한다. 그보다 젊은 이 '은사' 는 그럴 때마다 당황스럽고 황감하기만 하다. 그냥 '선생' 이라고 불러도 민망스러움이 없지 않은데 '은사' 라니, 내가 그에게 무슨 은혜를 베풀었고 무엇을 가르쳤단 말인가?

정재영 시인이 나에게 배운 것은 별무할 것이다. 혹여 배운 것이 있다고 하더라도 그것은 이미 알고 있는 것을 다시 익힌 것에 불과하리라. 나에게 배웠다는 것 때문에 예전부터 잘 알고 있었던 것조차 오히려 혼란스러워진 것은 아닌지? 나를 통해 새로 배웠다는 것이 스스로 익힌 것을 엉클어트렸을 수도 있으리라.

정재영 시인의 제9시집 『모퉁이 돌면』을 통독하면서 시인의 진정한 은사는 '자연' 이라는 사실을 발견했다. 서울에서도 가장 번잡한 종로 네거리의 병원에서 진료에 바쁜 그가, 강남의 빌딩 숲 주거단지에서 도시인의 생활을 꾸려가는 그가, 어떻게 대자연이 인간에게 들려주는 정감 어린 시세계 속에 항상 침잠할 수 있는지 경이롭기만 하다. 그에게 있어 혼잡한 종로 네거리는 야생화와 잡초, 관목 덤불로 가득 찬 동산으로, 강남의 아파트 단지는 울울창창한 삼림으로 여겨지고 있다. 이 의도적인 인식의 착종錯綜이 도시에서 전원을 느끼고 도회지에서 자연과 조응하게 만든다.

시인이 타인을 대하는 진중한 태도 역시 자연에서 연원한다. 나를 대할 때는 물론이고 나이 어린 동창에게도 반듯한 인사와 언사를 건네는 행동은 자연을 대하는 그의 경건한 태도의 연장이다. 시인의 몸에 배인 정중함은 그를 대하는 사람을 어색하게 만드는 측면도 있다. 그러나 시속時俗을 초월한 그의 점잖음은 세월의 흐름처럼 한결같이 자연스럽다. 그 자연스러움은 그의 육친이자 스승이고 벗인 '자연' 으로부터 유래한다.

공중에서 흔들리며 몸부림치는
낙엽의 슬픔을 본 사람은
어떤 이별도 아름답다 하지 않는다

눈발처럼 바람에 실려 가신 날, 지금처럼
잊혀지지 않는 한 장의 낡은 사진이
속으로는 낡아지지 않는 걸 안 사람은
어떤 헤어짐도 헤어지는 일이 아니라는 걸 안다

아무리 나이 들었어도
영정 하나 두고 떠난 긴 이별 앞에
호상이라는 말을 해서는 아니 되듯

떨어지는 순간에 흘리는 낙엽의 눈물을 본 사람은
사랑은 처음부터 아픔이란 걸 안다
이별도 그리움을 남기는 아름다움이라고
결코 말하지 않는다.

—「낙엽」 전문

시인은 떨어지는 낙엽에게조차 예의를 갖춘다. 낙엽은 슬픔을 느끼고 눈물을 흘릴 줄 아는 인격체이다. 낙엽을 그렇게 대하는 이상 나무의 본체에서 떨어지는 잎의 이별을 아름답다고 이야기하지 못한다. 남의 굴절 많은 사연이라고 치부하여 미적 거리감을 갖고 아름다움을 말하는 것은 낙엽에 대한 예의가 아니다. 이러한 예절 의식은 시의 데코럼decorum을 형성한다. '단정', '예의범절' 로 번역되는 데코럼은 시와 희곡 쓰기에서 작가가 관습적으로 지켜야 하는 무정형의 규칙이다. 이 규칙이 문학적 관습으로 굳어지면 컨벤션convention이 된다. 정재영 시인의 데코럼은 자연 속의 사물을 대하는 경건한 태도이고 이것을 그는 시적 사고와 창작의 규준으로 삼고 있다. 그러한 시의 데코럼에 대한 인식이 인간을 대하는 윤리의식으로 자연스럽게 전이된다.

시인은 나이 지긋해서 돌아간 어른의 장례를 호상이라고 칭하여, 식장에서 웃고 떠드는 세태에 대해서 윤리적 각성을 환기시킨다. 낙엽의 별리에서 깨닫듯 모든 이별은 슬픔이고 아픔이다. 이별은 또한 단순한 헤어짐도 아니다. 그렇다고 '이별도 그리움을 남기는 아름다움' 이라고 미화할 수도 없다. "한 장의 낡은 사진이/속으로는 낡아지지 않는" 것처럼 이별은 이별로서 엄존한다. 시인의 데코럼은 자연에 대한 인간의 겸허함에서 연유하여 시창작의 방법으로 이전된다. 하찮은 낙엽에 대해서도 범절을 지키려는 태도는 인간관계로 이어져 인간 존중의 관습으로 정립된다. 예절의식이 데코럼으로 그것이 다시 인간관계로 연속되는 순환의 고리가 형성된다. 시인의 인간에 대한 정중함은 자연물에 대한 존귀의 의식으로 연결되고 시적 방법론으로 정착된다.

검은 산 하늘로 솟아
손을 뻗어 달을 붙잡은 산등성

희미한 나무들 그림자가 길게 휘장을 친 하늘에
달이 허기진 개구리 울음소리를 낸다

달빛 취기에
팔딱거리는 자그마한 가슴에
끌고 가다 빠뜨린 그리움이
천천히 익사하는 밤

어둠으로 베일을 친
산 속 깊이 감춘 제단에
밤안개는 향촉으로 스민다

곁에 있는 사람
말을 잃은 얼굴을 애무하는
가느다란 유월 밤바람이
산 속에 숨은 고요를 깨워
산 끝에 겨우 걸린 달을 가닥으로 풀면
하늘과 땅도
밀교의 제의祭儀를 벌이는 지금

허우적대며 밤을 지새우는 것은
산과 달이 하늘호수에 빠지듯
그 호수에 빠진 달에 빠진 탓이다

당신은 달이다

—「달빛 호수」 전문

정재영 시인은 '그리움' 을 달과 연결시키기를 즐긴다. 강렬한 햇빛을 은은한 달빛으로 반사시키는 달처럼 그리움은 자신을 격렬하게 현시하는 감정이 아니라 감춘 듯 나타내는 은밀한 감정이다. 정열을 내면화하는 다단한 절차를 거쳐 정열의 속성은 다 잃지 않았으니 그 예리함을 은일함으로 대체시킨 '그리움' 이라는 감정이 생성된다. 시인은 정열을 육화시켜 그리움이라는 격하지 않은 정조情操를 '달' 에 투영한다.

그런데 그 달이 "허기진 개구리 울음소리를 낸다". 달이 본능적 존재로 여겨지는 것이다. 달에게도 그런 측면이 있었던가? 그것은 달의 내면화된 정열을 시의 화자가 감지했기 때문이다. 달은 반사체이지만 그 반사체에도 숨은 열기는 남아 있다. 그 열기에 화자는 취기를 느낀다. 시간은 '끌고 가다 빠뜨린 그리움' 이 '팔딱거리는 작은 가슴에', '천천히 익사하는 밤' 이다. 그리움이라는 수동적 정서가 본능의 자극을 견디지 못하고 열정의 정서로 변환되는 과정은 그 밤에 전개된다.

달에게서 열정을 느끼고 달을 통해 관능적 쾌감에 젖는다는 것이 이 시의 유니크한 전개 과정이다. 밤안개는 향촉으로 스미고, 유월 밤바람은 얼굴을 애무하고, 하늘과 땅이 달을 통해 밀교의 제의를 벌이는 관능의 향연이 이 밤에 벌어진다.

이 점잖은 시인의 내면에서 어떻게 이런 음란한 일이 벌어질까? 놀랄 일이 아니다. 그것은 다 당신 탓이다. '당신은 달이다.' 허우적대며 밤을 지새우는 것은 당신이라고 지칭되는 달에 빠진 탓이다. 달의 내부에는 본능처럼 허덕이는 격한 감정이 있다. 그것을 가닥으로 풀어내다 보면 관능의 향연을 재촉하는 열정이 드러난다. 시인의 내면에도 쏟아 붓고 싶은 감관적 열정이 존재하는데 그 대상을 달과 자연으로 광역화시켜 시적 품위를 유지한다. 열정을 달이라는 대상에 쏟음으로써 한층 승화된 정서를 표출한다.

열정을 간접화하는 인간적 대상으로 달을 형상화하는 시적 접근에 주목할 필요가 있다. 이 시에서 달은 숭배의 우상도 찬탄의 대상도 아니다. 달은 인간과 더불어 존재하고 인간처럼 격정에 허덕이기도 한다. 그러면서도 달의 품격을 지킨다.

자연을 사랑하다 보면 사랑이 지나쳐서 존경과 찬양의 별격 존재로 인식하기 쉽다. 이 범신론汎神論이 초월주의 사상으로 이어지는 것은 당연한 귀결이다. 『월든』의 저자 소로우와 시인 에머슨은 자연은 신이 창조한 곳으로 영성을 간직한 곳인 반면 도시는 온갖 종류의 부패와 탐욕, 죄악과 파괴로 얼룩진 곳이라는 뉴잉글랜드 초월주의 사상을 펼친다. 초월주의자들에게 자연은 도시에서 떠난 일종의 피난처였다. 그러나 인간이 쉽게 범접할 수 없는 '신성의 땅 자연'이라는 개념 자체가 인위적이다. 자연은 신성하지만 동시에 황폐한 속성을 지니고 있다.

정재영 시인에게 달은 인간의 성정과 삶의 구체적 양상이 융합하는 터전이다. 우리네 인생이 자리 잡고 살고 있는 또 하나의 무대가 달이다. 달을 범신론적으로 인식하는 것은 신앙인 정재영 장로로서 상상할 수 없는 일이다. 그에게 신은 유일신이다. 『문학과 성경』이라는 뜻깊은 종교 · 문학서를 2010년 벽두에 상재한 그로서, 달은 신앙의 대상이 아닌 더불어 존재하는 인간의 동반자일 따름이다. 그 동반자는 그러나 언제나 일정한 거리를 유지한다.

너는 해를 돌고
나는 너를 도는 위성

우주 어딘가 나란히 손잡고 걷는 별도 있을까

한쪽 웃는 얼굴 뒤에
평생 지워지지 않은 어둔 그림자를 품고
서로 바라보기만 하는
멈춤 없는 순례의 긴 그림자

—「달 이야기」 부분

여기서 문득 해바라기를 떠올린다. 해바라기는 햇빛 나는 낮에 늘 해를 쳐다본다. 꽃이 핀 정면은 해를 바라보지만 꽃의 뒷면은 늘 어두운 그림자로 덮여 있다. "한쪽 웃는 얼굴 뒤에/평생 지워지지 않은 어둔 그림자를 품고" 있다. 해바라기가 아닌 '나'는 달을 도는 위성, 말하자면 '달바라기'이다. 달바라기인 '나'의 처지도 해바라기와 다를 바 없다. 그래서 "우주 어딘가 나란히 손잡고 걷는 별도 있을까" 상상해 본다. 그런 별들은 존재하지 않는다. 동반자라는 사실을 아무리 강조해도 손잡고 걷는 별들이 없는 것처럼, 인간 동반자들도 손만 잡고 있을 뿐 진정으로 가까워지지 못한다. 서로 접근해서 손잡은 별들이 충격으로 파열되듯이, 인간도 서로 친해지면 충돌이 일어난다. 해바라기와 달바라기는 모두 비극적 운명의 존재이다.

비극의 주인공은 늘 선을 지향하지만 운명의 반쪽은 악의 그림자를 드리우고 있다. 이 비극적 운명에서 벗어나기 위해 '순례의 긴 그림자'는 멈추지 않는다. 그렇다고 해서 그 운명에서 탈출할 수 없다. 서로 바라보기만 하는 한 그 긴 그림자는 죽음을 통해서만 지울 수 있을 것이다. 시인은 그런 점들을 간파하는 시 구절을 통해서 달에 대한 비극적 철학의 체계를 세운 셈이다. 달이라는 제재에 대한 깊은 통찰을 통해서 선이 존재하려면 악의 시련이 있어야만 된다는 점, 그것이 인간이 안고 있는 비극적 현안이라는 점을 부각시킨다. 악은 선을 발효시키는 누룩이라고 신학자 마틴 부버는 지적한 바 있다. 악이 선과 늘 함께 있음과 그 악에서 벗어나기란 지극히 어렵다는 인식이 위의 시 구절에 암시되고 있다.

이런 철학 체계를 종교적 색채를 부여하지 않고 세우는 시인의 방법을 나는 대단하다고 생각한다. 교회 장로로서 입만 열면 성경 말씀을 인용할 것 같다는 선입관을 시인은 달의 시편에서 깨버리고 있다. 성경의 숨은 구절 찾기를 시도해도 이 시집 전편에서 수색에 성공할 수 없다. "새벽에 두 손을 모으는 시간" 정도가 고작 찾을 수 있는 파편이다. 성경 말씀을 전혀 언급하지 않고 성서를 논할 수 있다면 그것이 최상위의 신학적 언술이다. 문학과 성경은 깊은 연관을 맺고 있지만, 시는 시이고 성경은 성경이다.

시인과 함께 달을 완상하다 보니 일본의 메이지 시대 소설가 도쿠토미 로카(德富蘆花 1868~1927)의 산문집 『자연과 인생』의 한 구절이 떠오른다.

> 먹과 같은 나무 그림자를 밟으며 홀로 뜰에 서다. 달빛을 받은 흰 국화 향기가 희미하게 떠돌아, 꽃이 달과 속삭이는 소리도 들리는 듯하다. 몸을 숙여 한 가지를 꺾어드니 달 그림자가 후드득 소매에 떨어진다.
>
> 아침부터 내리던 비 그치고 바람 쉬고 달밤의 조용한 맛 말로 다 할 수 없다. 무엇이 건드렸는가. 우물가의 무화과 잎이 버스럭 한 번 소리를 낸 뒤로는 마당은 고요하여 달과 그림자가 함께 잠잔다.
>
> 다만 드물게, 드물게, 처마들이 흰 어둠 속에서 속삭일 뿐.
>
> —「달빛에 흰 국화」

동양적 정서가 듬뿍 담긴 『자연과 인생』은 1913년 아더 로이드에 의하여 영역되기도 했다. 이 글에서 달빛 어린 뜰의 정경은 소리에 의해 더욱 깊이 있게 묘사되고 지각된다. 꽃이 달과 속삭이는 소리, 무화과 잎이 버스럭거리는 소리, 처마들이 어둠 속에서 속삭이는 소리, 달 그림자가 후드득 소매에 떨어지는 소리, 이 모든 현실과 비현실의 소리가 뒤섞여 몽환적 분위기를 자아낸다. 이러한 묘음妙音은 풍경을 시각적으로 묘사하는 것에 정서적 깊이를 각인시킨다.

그 묘음이 정재영의 시에는 개구리 울음소리로 들려온다.

개구리 울음이 불러낸
검은 색으로 잠든 산언덕

그대 옆모습 닮은 달
함께 보겠거니
고개 돌리는 순간

달은 보지 않고
내 얼굴만 빤히 쳐다보는
또 다른 달

더 환히
웃고 있었습니다.

달빛 가득 담아
숨쉬기 어려운
파닥거리는 가슴 소리
그제야 개구리 소리
조용한 이유를 알았습니다.

—「달구경」 전문

도쿠토미 로카는 봄날 개구리 우는 소리를 "개구리가 '낳자,

불어나자' 하고 외쳐대고 있다"라고 서술한 바 있다. 논물에 올챙이를 낳기 위한 생식의 울음소리가 개구리 우는 소리이다. 이에 대해 「달구경」의 개구리 울음은 어두운 저녁을 예기하게 하고 달을 뜨게 만드는 우주적 리듬을 담고 있는 소리이다. 또한 달을 바라보는 가슴의 감동적 박동 소리에 눌려 조용하게 들리는 대조의 울음소리다.

달밤에 들리는 개구리 울음 소리는 시끄럽게 들리지 않고 오히려 마음을 가라앉히게 한다. 그 소리에 귀를 기울일 때 그대와 달의 모습이 겹쳐 떠올라 감동에 겨워 파닥이는 가슴에서 소리가 나고 그 소리는 개구리 소리를 압도한다. 동계動悸의 세기가 얼마나 컸으면 개구리 울음을 조용하다고 느낄 정도였을까? 이런 시적 과장이 이 시가 지닌 큰 매력이다.

풍경에 대한 묘사보다는 소리가 「달구경」의 운치를 더욱 높인다. 극장에서 보는 영화가 집에서 보는 비디오보다 감동적으로 느껴지는 것은 화면의 크기, 몰입의 정도도 작용하겠지만 소리 전달력의 강도가 다르기 때문이다. '달구경' 에서 개구리 울음 소리는 단순한 구경에서 몰입으로 이끌어 가는 묘음의 일종이다.

풍경을 풍경으로 인식하게 하는 것은 빛이지만 풍경에 깊이를 더하는 것은 소리이다. 이 시에서 개구리 소리는 단순한 배경음이 아니다. 그 소리는 달과 그대의 아름다움을 일깨워 나를 미적 황홀경으로 이끌어 가는 라이트 모티브를 담고 있는 심오한 음악이다. 그 음악보다 더 격정적인 리듬이 파닥거리는 가슴 소리로 연주된다. 달밤에 묘음으로 가득 찬 내면의 심포

니가 울려 퍼진다.

목소리를 낮추어야지

내 소리는 낮아도 잘 들리는데
남의 말은 귀에 손을 대야 한다

귀에 대고 속삭이던
임의 소리
가슴에 묻었던 소리를
되새김질하라는
이제는
마음 귀 여는 나이

지나가는 바람이 울리던 고막 대신
흐르는 피가 가슴판을 떠는
속에서 나는 소리 들으려
어두워져야 밝히는 섣달 불빛 축복
사라짐을 안으로 채우는 겨울나기

—「난청」 전문

인간의 소리는 언어이다. 나이가 들면 남의 말소리는 잘 들리지 않고 나의 낮은 목소리는 작아도 잘 들린다. 세월이 인간의 말소리 청취 능력을 바꿔 놓는다. 연륜이 쌓이는 것과 비례

해서 남의 언어를 객관적으로 수용하는 능력은 떨어지고 자신의 주장을 담은 목소리만 크게 발성하는 경향이 생긴다. 그래서 이 시의 화자는 '목소리를 낮추어야지' 라고 스스로에게 타이른다. 화자는 '남의 말은 귀에 손을 대야' 들리는 난청의 상황에서 "이제는 '마음 귀 여는 나이'"임을 자각한다.

마음의 소리를 청취하는 나이에 도달했다는 자기 확인은 아무나 할 수 있는 행위가 아니다. 공자는 육순 나이에 귀가 순해졌다[耳順]고 했다. 남이 자신의 마음을 거슬리는 말을 하더라도 다 받아들일 수 있는 나이를 '이순' 이라고 했다. 그것은 공자 같은 성인에게나 도달 가능한 마음의 아득히 높은 경지이다. 남의 싫은 말에 대해 인내심이 없는 범인들은 아무리 나이가 들어도 귀가 결코 순해지지 않는다. 나이에 따라 차츰 귀의 청취 능력은 떨어지지만 듣기 역겨운 소리를 들으면 역정부터 낸다. 이순은 공자님에게나 가능한 높은 심경의 나이이다.

이렇게 살펴보면 시인은 시를 통해 마음의 아스라한 비처를 찾아냈다는 것을 알 수 있다. "귀에 대고 속삭이던/임의 소리" 같이 즐거운 소리의 추억도, '가슴에 묻었던 소리' 같이 억울함과 한이 섞인 슬픈 소리의 기억도 같이 되새김질할 수 있는 '마음 귀 여는 나이' 에 도달한 것이다.

그러한 지경에 이르렀다고 해도 "흐르는 피가 가슴판을 떠는/속에서 나는 소리"를 들으려면 지속적인 노력을 기울여야 한다. 어두워져야 밝힐 수 있고, "사라짐을 안으로 채우는 겨울나기"를 거쳐야 '속에서 나는 소리' 를 계속 청취할 수 있다. 요컨대 유교적 극기의 수련이 요청된다는 말이다. '마음 귀 여는 나이' 에 이르렀다는 것도 부러운데, 마음 귀를 계속 열 수 있는 방법이 극기의 단련이라는 사실을 깨달은 것은 단순한 부러움을 지나쳐 선망의 경계를 넘어선 느낌을 준다.

잔주름 사이에 갇힌 자화상을 그리는 일은
끊을 수 없는 원의 한 곳에서
시작과 끝 점을 찾아내는 일

유월이 끌고 가는 여름을
미리 그리는 오월 아카시아 산처럼
미래란
그리운 집을 한 채씩 지어나가는 일이다

사라지는 일이란 없다.
다만 앞서 갈 뿐이다.

—「미래로의 여행」 부분

나이 든 사람에게 희망에 찬 미래란 없다. 죽음과 그 이후로 귀결되는 사라짐과 소멸이 그를 기다릴 따름이다. 그래서 늙은 이는 소망이 가득한 과거를 회상하고 지나온 날들의 기억의 정점을 되살리려고 한다.

아리스토텔레스는 『수사학』에서 나이 든 사람에 대해서 이렇게 서술한다. "그들은 희망보다는 추억으로 산다. 희망이 미래를 감싸 안고, 추억은 과거와 관련된다고 할 때, 그들에게는

살아온 시간에 비해 살아가야 할 시간이 훨씬 짧기 때문이다. 바로 이러한 이유 때문에 그들은 수다스러워진다. 그들은 끊임없이 지나온 과거의 삶에 대해 이야기한다. 이렇게 과거를 추억하는 것을 낙으로 삼기 때문이다."

그들은 괴로운 회억들은 모두 버리고 아름다운 기억으로 그득한 과거의 여로에서 자화상을 완성하려고 한다. 하지만 그것은 자기기만의 자화상이다. 시인은 그런 자화상을 늙어서 그리는 일은 "끊을 수 없는 원의 한 곳에서/시작과 끝 점을 찾아내는 일"이라고 정의한다. 다시 말해서 부질없는 일인 동시에 불가능한 일이라는 것이다.

모든 종류의 자서전은 자기 은폐와 자기합리화의 기제를 은폐하는 자기기만의 기록물이다. 조선의 화가 중 표암 강세황은 자기 얼굴의 점 하나 주름 하나 빠뜨리지 않고 있는 그대로의 자신의 얼굴을 높은 선비 정신과 자기 풍자의 시각으로 그려냈다. 조선의 화가들은 지체 높은 인물을 그릴 때에도 표암 같은 정신으로 그렸다. 곰보 자국마저 정성스럽게 재현한 그 자화상들과 인물상들은 결국 자기 미화와 자기 은폐의 범주에서 크게 벗어나지 못했다.

시인은 자화상 그리는 일은 없었던 것으로 치부하고 젊은이처럼 미래를 향한 여로에 나선다. 그리고 미래를 정의한다. "미래란/그리운 집을 한 채씩 지어나가는 일이다"

오월의 아카시아 산이 미리 유월의 여름을 그린다고 해서 그 산이 더 아름답게 변할 까닭은 없다. 신록의 계절 오월의 아카시아 꽃 핀 산야가 녹음이 짙어가는 유월의 그것보다 더 아름답다. 장년보다 청년이 더 싱그러운 것은 삶의 당연한 이치이다. 오월은 유월이 되고, 청년은 장년으로 접어든다. 이것을 퇴화나 노화라고 생각하지 않고 자연과 인생의 자연스러운 변화, 보다 성숙해가는 과정이라고 이해해야 한다는 것이다. 그리하여 무엇인가 더 나아질 것이라는 희망으로 그리움의 집 한 채씩을 늘려 나아간다.

그렇게 담담한 마음으로 그리움을 쌓다 보면, "사라지는 일이란 없다/다만 앞서 갈 뿐이다" 소멸에 대한 공포는 그리움의 증식에 의해서 진보에 대한 확신으로 바뀐다. 나이 지긋한 시인 자신의 미래에 대한 확신이 시적 예지로 빛나고 있는 대목이다.

그들의 특성을 경멸적으로 설명한 아리스토텔레스는 젊은이를 예찬한다. "그들의 인생 대부분은 희망으로 가득 차 있다. 기억이 과거에 대한 것인 반면에, 희망은 미래를 감싸 안는 것이다. 청년들에게 있어 미래는 길고 과거는 짧다." 시인의 미래에 대한 설계는 "미래는 길고 과거는 짧다"라는 청년의 수준이다. 이 마음 젊음이 노년의 과거 예찬을 배제시킨다.

자연自然은 문자 그대로 스스로 自, 그럴 然, '스스로 그러함'이다. 스스로 그렇게 존재하는 자연을 닮으면 자연의 이치에 따라 겸손한 삶을 살 수 있다. 그렇다고 해서 인간은 자연으로 돌아가 자연만을 의지해서 살 수 없다. 자연에 부응해서 사는 것이 가치 있는 삶이라고 생각하는 사람은 감상적 모랄리스트임에 틀림없다. 그런 사람들은 자연에 자신의 임의적 가치를 투여하고 자기도취적으로 자연과 자아 이미지를 결합시키는 이념적 자위행위에 빠지기 쉽다.

정재영 시인의 은사인 자연은 인간의 모범적 행동의 거울로서 자연이 아니다. 자연은 피하고 싶은 대상이기도 하고 자연 속의 계절은 욕망과 기갈이 미만한 처절한 시간이기도 하다.

이른 봄 이슬비
피하고 싶다

봄은 사랑하다 지쳐도 멈출 수 없는 몸부림
채워도 채워지지 않는 배고픔

오죽했으면
이파리 나기 전
꽃잎부터 피울까

—「봄비 2」 부분

이슬비 정도는 누구나 피하지 않고 맞는다. 이슬비를 피하는 까닭은 그 비가 '멈출 수 없는 몸부림'과 '채워도 채워지지 않는 배고픔'을 상징하는 꽃을 피우기 때문이다. 자연은 이렇게 탐욕과 기갈의 이미지인 꽃을 배태시키는 잔인한 존재이기도 하다. 이 경우 봄과 같은 자연은 인간의 반면교사이다. 인간은 그러한 자연 속에 살면서 자연적 존재를 변화시키는 도덕적 존재로서 자기 확인을 해야 한다. 시인은 그러한 존재 확인을 시를 통해 하고 있다. 자연과 더불어 살면서 자연의 선함과 악함을 구별하고, 자연과 인간 성정의 융통성을 확보하는 과정에서 자연이 도덕적 존재를 완성시키는 '은사' 라는 사실을 깨달은 것이다. 자연이 우리에게 알려주는 것 중 가장 의미 있는 것이 그 사실이다.

이렇게 원숙한 인식을 이미 정립하고 있는 정재영 시인에게 나는 '은사' 라는 명칭을 자연에게 그리고 자신에게 돌릴 것을 권유한다. 마음의 귀를 열고 있고, 육체적 조건이나 상황을 갱신하는 젊음의 정신을 지닌 시인의 경지가 그의 내면이 자신의 은사임을 천명한다. 삶의 뒤안길 '모퉁이를 돌면' 서, 시인 자신이 스스로에게 은사임과 그보다 더 높은 경지의 은사는 '자연' 임을 확인하는 것은 즐겁고 뜻 깊은 일이다.

문학의전당 · 시인선 108
모퉁이 돌면

초판인쇄 2011년 3월 3일
초판발행 2011년 3월 9일

지 은 이 정재영
펴 낸 이 김충규
펴 낸 곳 문학의전당
출판등록 제387-2003-00048호(2003년 9월 8일)

주 소 121-718 서울특별시 마포구 공덕2동 404번지 풍림VIP빌딩 202호
전화번호 02-852-1977
팩시밀리 02-852-1978
블 로 그 http://blog.naver.com/mhjd2003
전자우편 mhjd2003@naver.com

I S B N 978-89-93481-85-3 03810